Autoren/Hg. K.A.= Kurd Alsleben. A.E.= Antje Eske. H.I.= Heiko Idensen.
H.S.= Dr. Heidi Salaverría

KükoCokü, Künstlerkonferenz zur Förderung konversationeller Comperkünste von 1988,
Organ des virtuellen Fachbereichs für Datenkünste der Hochschule für bildende Künste Hamburg.
Bericht über die Tagung Propädeutik und Gruppen-Videochat, Mai 2014.

*Vorbereiter der eineinhalbtägigen Tagung: Kurd Alsleben, Stefan Beck, Antje Eske,
Heiko Idensen, Harry Saalfeld, Dr. Heidi Salaverría.
Im kleinen Hörsaal des Museums für Hamburgische Geschichte*

Propädeutik UND

VIDEOCHAT der

KONVERSATIONSKUNST

PROPÄDEUTIK und

Videochat DER

Konversationskunst

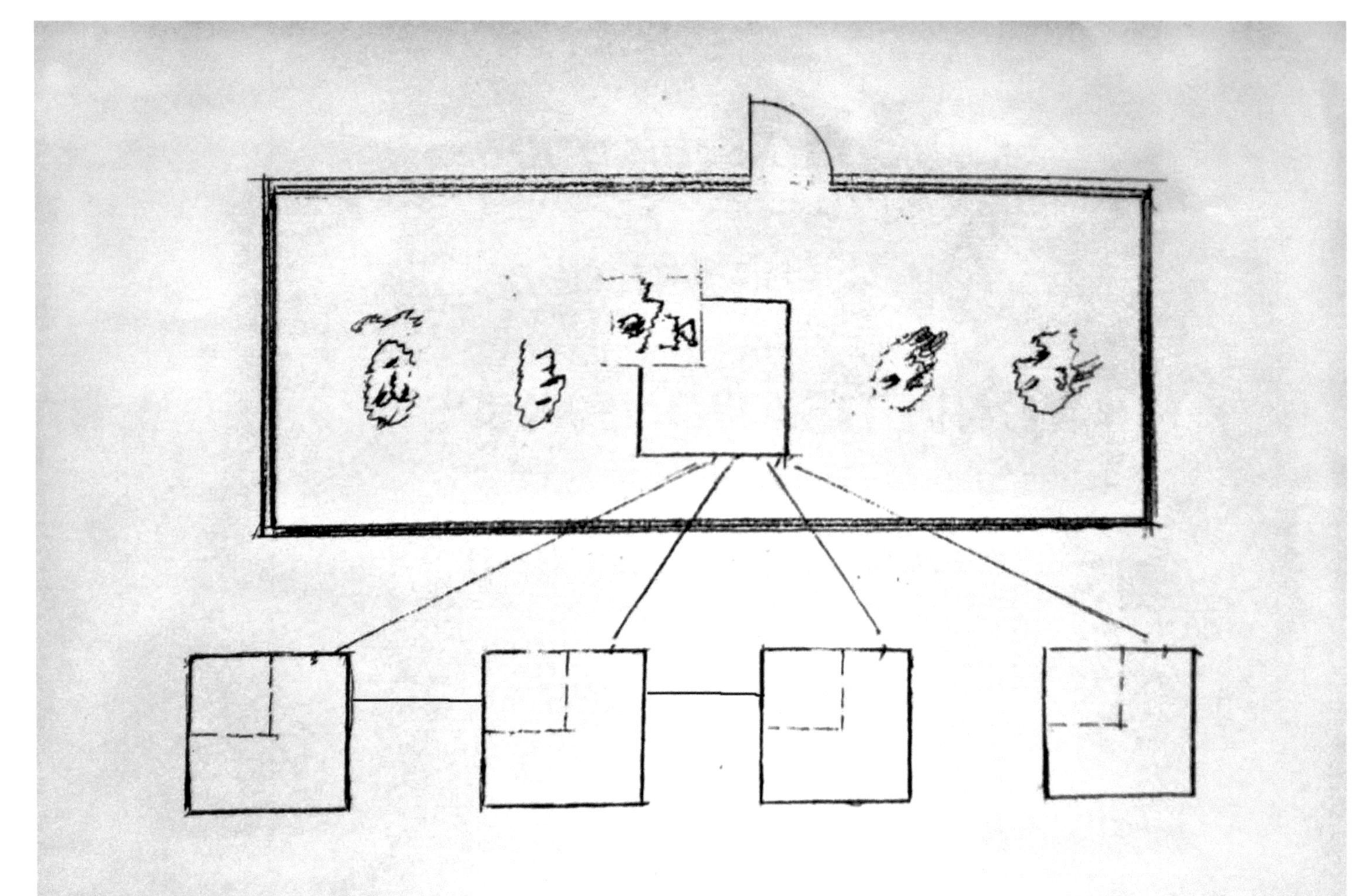

Bildlegende 1: **Gebrauchsmodus von Social Software in GRUPPEN_VIDEOCHAT** Zusätzlich zu Visávis-Austausch unter hamburger Freunden der Konversations_Kunst hatten wir auf der Tagung im Museum für Hamburgische Geschichte mit den langjährigen Freunden der Kunst des Dialogs in der Schweiz, Rolf Todesco und Sabine Graeser, einen Austausch mediens Videochat. Rolf Todesco lernten wir im ´netzkunstwoerterswiki´[1] 2001ff kennen und auf den bekannten, selbstorganisierten Tagungen „MMK, Mensch-Maschine-Kommunikation". Wir hofften mit dem eingerichteten Videochat auch Freunde in Japan, Yoshiyuki Abe und Akemi Ishijima, wiederzutreffen, was zeitlich nicht klappte. Mit ihnen hatten wir 2006 in der Kunsthalle Bremen und für „gasathj on social networks Nr. 2."[2] gut zusammengearbeitet. Zunächst trafen wir uns vorher, zusammen mit Harry Saalfeld im Hamburger Museum mit dem zuständigen Herrn Bünte, um auf der Tagung das Medium Gruppen-Videochat parat zu haben. Weil die angebotenen Dienste „Hangout" oder „Skype" nicht für Kunst designt sind, müssen wir Vorstellungen und Phantasien über einen künstlerischen Gebrauchsmodus einbringen und entwickeln, denn die Möglichkeiten des konversationellen Austauschs mit Anderen vermittels neuer Medien im Internet können nur im gemeinsamen Umgang erfahren und entwickelt werden. So stellte sich beim Probieren mit Herrn Bünte heraus, dass nicht jeder im Museum einfach ins Netzt kommt, andererseits waren ein netzfähiger Museumscomputer vorhanden und ein Beamer. Das schien uns für die künstlerisch-inhaltliche Situation ein geeigneter Modus zu sein: Die Teilnehmer im Museumsraum bewegen sich agil[3] im Raum, vor die Computer-Kamera und vor der Projektion. Die obige Bilderschreibung war unsere Vorbereitungssequenz. Man tritt durch eine ´Tür´ in den Raum mit Konversanten visavis plus einer Projektionswand und plus der im Museumscomputer eingebauten Kamera. Dieser Museumsraum bedeutet im Videochat das museumsseitige Pendent zu den (hier symbolisch als 4 einzelne Quadrate gezeichneten) individuellen Computerstationen mit Monitoren und eingebauten Kameras. *K.A.*

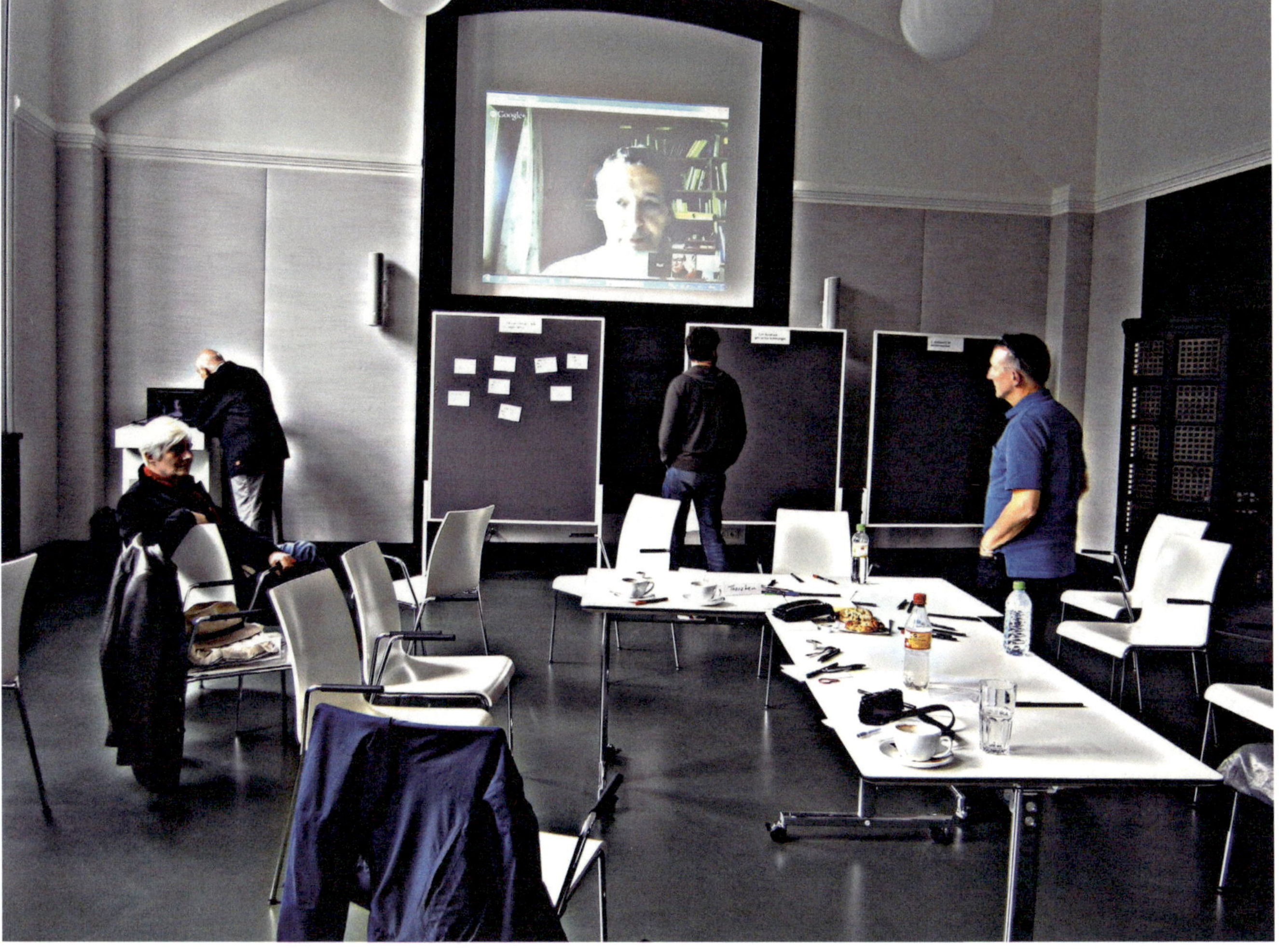

Bildlegende 2:   Das ist ein Foto von A.E. des weiten Raumes im Museum für Hamburgische Geschichte während des Moments, als Videochat hinzukam. Es war zu vereinbarter Zeit am Nachmittag. Oben mittig, an die Wand projiziert, ist ein Chatvideo von Rolf Todesco in der Schweiz im Hangoutformat. Diesseits der 3 Pinwände - Social Media der 60er Jahre[4] - sind zu sehen (von rechts nach links) Heiko Idensen, Lars Sonchocky--Helldorf, Kurd Alsleben beim Computer, Sabine Kullenberg sitzend. Die großräumige Abbildung zeigt den Moment des medialen Zusammentreffens der Visá-vis&Videochat-Gruppe in Hamburg – die sich, bis auf die eben genannten, erst nochmal an den Büchertisch zurückgezogen hatte - mit den sozusagen monomedialen Videochattern in der Schweiz. Es repräsentiert die kontaktlose, erwartungsreiche, noch nicht geformte Situation; sozusagen ein Interregnum; wohl in diesem Sinne auch **schwebende Antwortnot.** *K.A.*

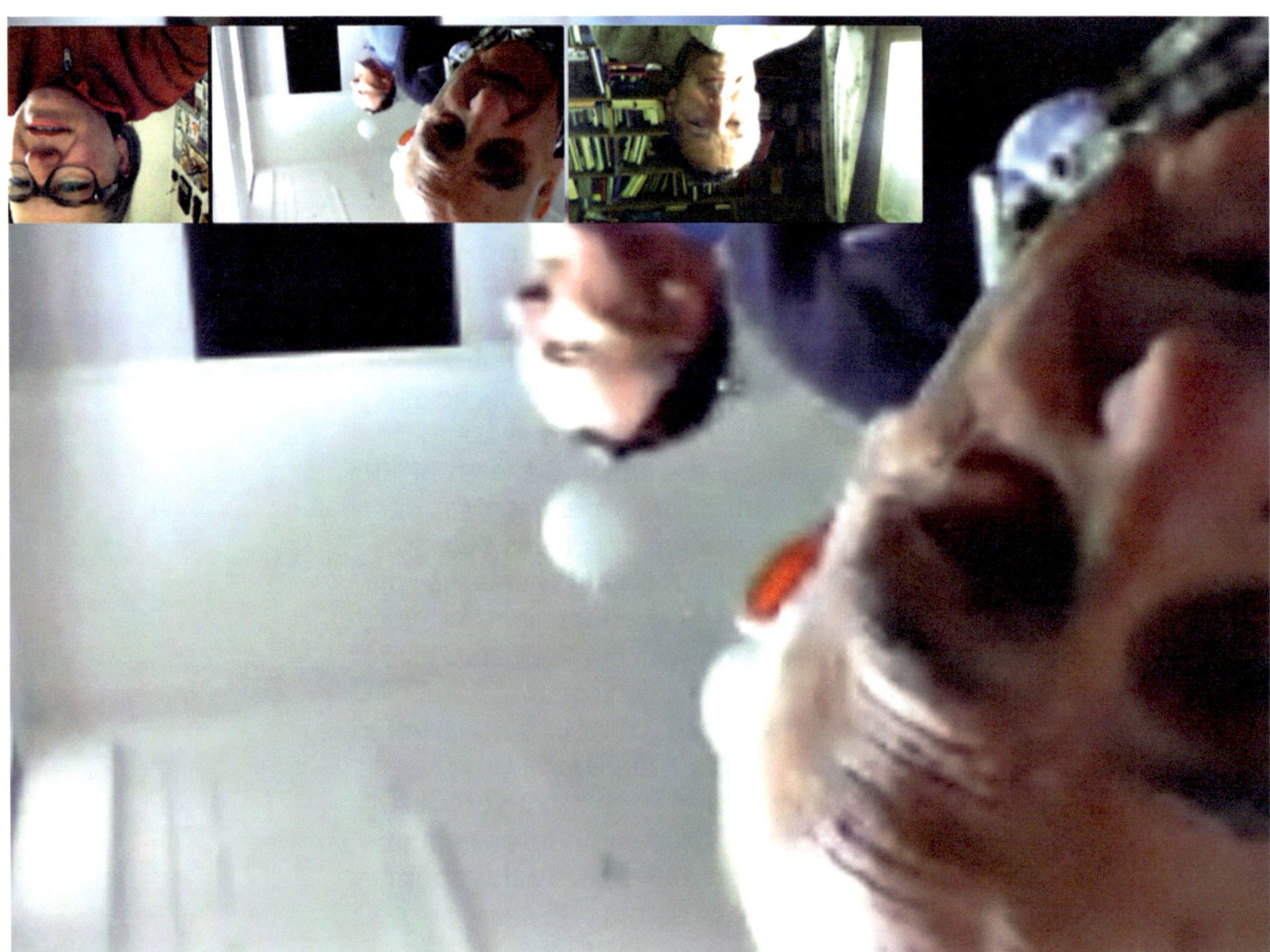

Bildlegende 3: **Kamera-Anblicke**
Sabine Graeser sandte uns als Screenshots
die 3 Kamera-Anblicke unseres Videochats
auf dieser und der nachfolgenden Seite.
Das sind unten rechts in der kleinen Zeile
(von rechts nach links): (1) Portrait Sabine
Graeser in der Schweiz *(nah)*; (2) Visá-
vis&Videochat-13erGruppe in Hamburg,
davon grade abgebildet Heiko Idensen
(Mittelgrund) und Kurd Alsleben *(nah)*;
(3) Portrait Rolf Todesco in der Schweiz
(Vordergrund). Wechselnd erscheint (auto-
matisch mikrophonabhängig) immer einer
der Kamera-Anblicke groß. Konversations_
Kunst hat die Intention und Möglichkeit
mediens ihrer empfindlichen, poetischen
und paralinguistischen Ausdrücke Raum
zu schaffen, um Habitus, Commonsenses
und Lebensempfindung deliberieren zu
können, statt Macht und Gewalt zu folgen.
Wir wussten in der Situation nicht weiter
und waren sehr erleichtert, als Heiko ein
Bällespiel mit uns begann. *K.A.*

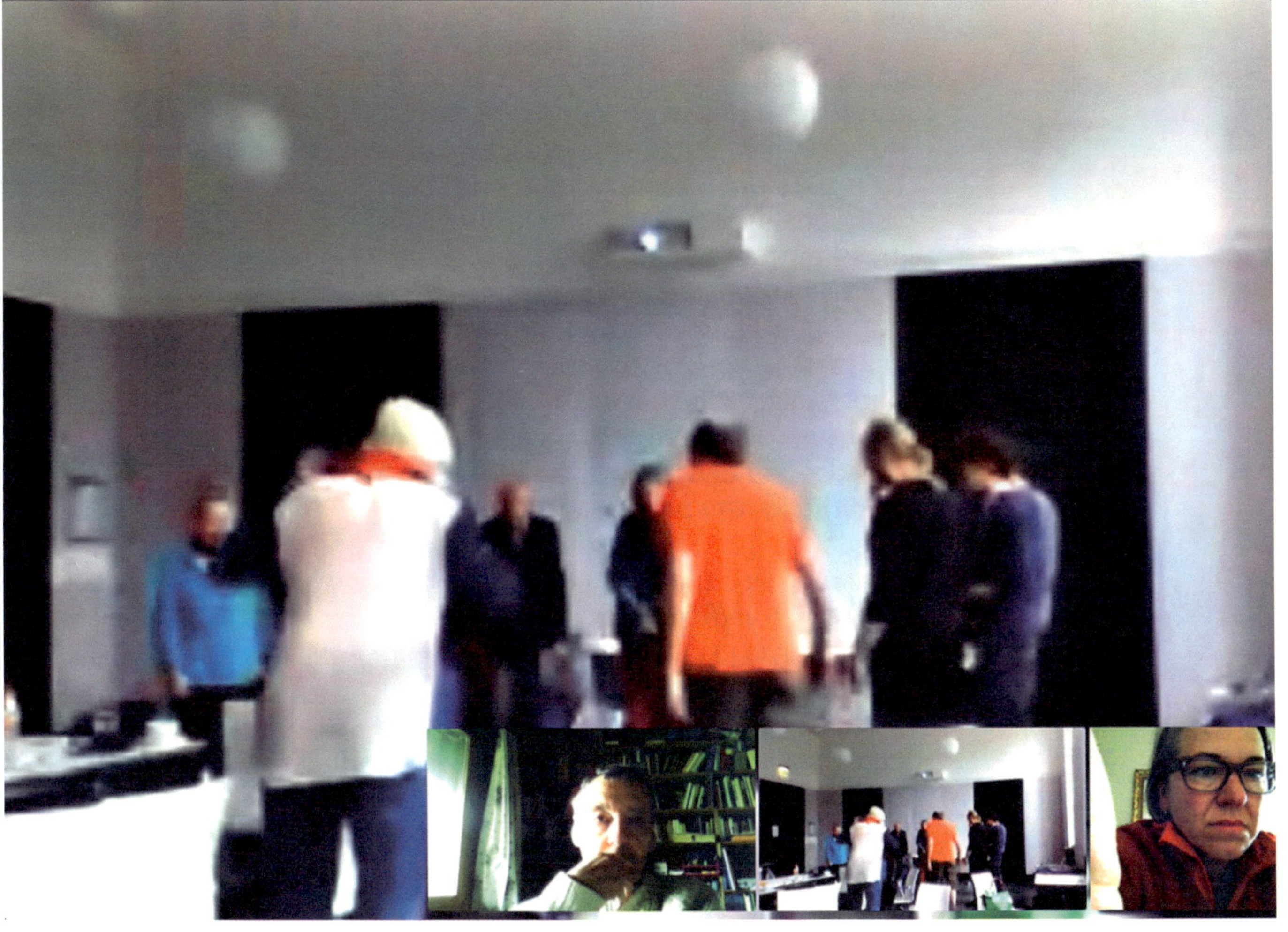

Bildlegende 4: **Portraits / Szene** Die kleine Zeile rechts unten braucht nicht erneut erklärt zu werden. Der große Kameraanblick ist dank Heikos Bälle-werfen-Spiel eine konversationelle Szene *(Mittel- und Hintergrund)*. Von links nach rechts: Antje Eske, Sabine Kullenberg rückseitig, Kurd Alsleben, Monika Schröder, Alfred Mattes rückseitig, Roland Schroeder-Kroll, Stefan Beck verdeckt, Thorsten Juckel. Das Erkennen der Möglichkeit weit- winklige Videoaufnahmen zu machen, regt ästhetische und paralinguistische Phantasien an und macht auch den Soziali- tätssinn deutlich. Sozialitätsempfindungen im Wahrnehmen und -geben erscheinen in Rede und Schrift, aber umfänglicher wahr- scheinlich noch paralinguistisch. Man kann nicht sagen, weil kein spezieller Rezeptor genannt wurde, dass die Kunst den Sozialitäts- sinn übersehen hätte. Sie behandelte ihn in Literatur und Bühne. Veränderte Modi zu Denken, wie die in den 60er Jahren sich ent- wickelnde Gesprächsanalyse oder die Gesamtsinnesorganisation von Scheurle (1984) und neue Medientechniken wie Film oder Social Media veränderten das Bewusstsein in Richtung Sozialitäts- sinn. Das Bälle-werfen-Spiel ist auf der folgenden Seite näher be- schrieben und wird von uns auch verstanden als eine Konversation, die sich vom sprachlichen Diskurs unterscheidet. In beider Schnitt- menge sehen wir als Medium das Deliberieren. Wir selbst sind keineswegs Pankonversationalisten, sondern bemühen uns genauso um Diskursivität. *K.A.*

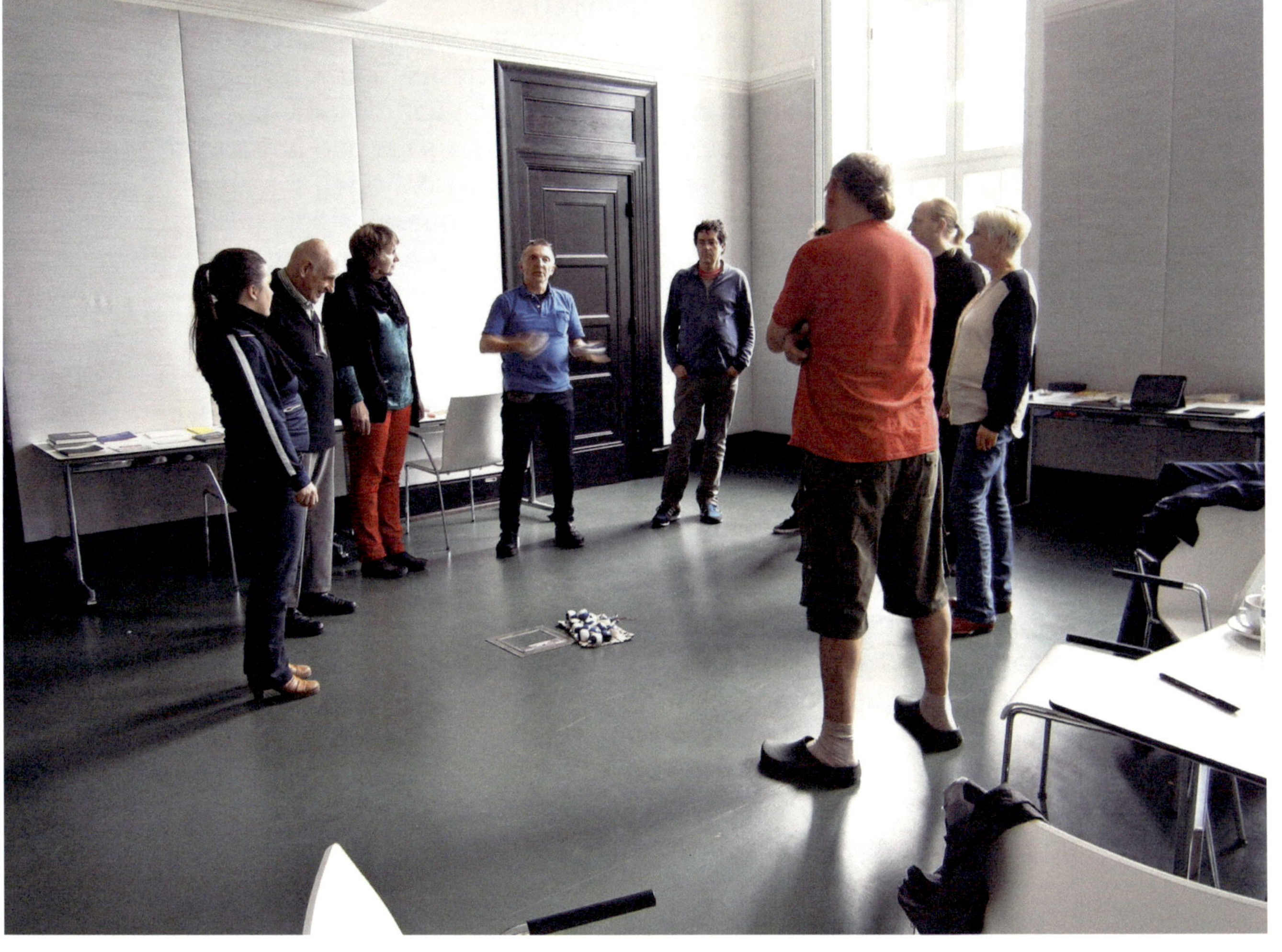

(Nach der automatischen Kamera-Abbildung (Bildlegende 4) ist hier ein Foto von Antje Eske zu sehen. Von links: Heidi Salaverría, Kurd Alsleben, Monika Schröder, Heiko Idensen, Stefan Beck, Alfred Mattes (rückseitig), Thorsten Juckel (verdeckt), Roland Schröder-Kroll, Sabine Kullenberg. Harry Saalfeld kümmert sich um die Netztechnik. Tatjana Beer sowie Lars Sonchocky-Helldorf mussten früher gehen.)

Bildlegende 5: **"Bälle zuspielen"**: Ball- & Sprach-Spiele
(Heiko Idensen) ach ja, die Bälle … hin und her: ein spiel
(er-)finden, dass den umgang mit texten im netzwerk in
szene setzt - und dabei besonders die produktiven mo-
mente des ver-knüpfens deutlich macht: des an-knüpfens,
des loslassens, des werfens, des ver-werfens. die poetik
des hypertextens als sozialkünstlerische übung: wir stel-
len uns im kreis auf, als wollten wir etwas singen. ein ball
wird von einer person zur nächsten geworfen und so fort,
bis er wieder zum ausgangspunkt zurückkehrt. darauf folgen weitere bälle, immer wieder demselben pfad folgend:
man wirft und fängt, man empfängt und gibt ab. in diesem
rhythmischen hin und her entsteht ein gemeinschaftlicher
aktionsraum, der - nach einer gewissen zeit - für alle mög-
lichen kooperationsprozesse genutzt werden kann: für
kooperatives entwerfen, für theater- und sprachspiele …
indem statt der bälle gesten, laute oder worte ins spiel
gebracht werden, die genau wie die bälle ihre runden
ziehen, verkettungen und verknüpfungen eingehen: dabei geht es weniger um das originäre einzelne wort, um

originelle oder schöne konstruktionen, sondern um den gesamtprozess des hin und her, die improvisation, die freilich von 'oben' betrachtet durchaus als ein schönes muster erscheinen kann: worin könnte denn wirklich die poetik eines links liegen? eine poesie der reise oder gar des verirrens? die kollaborativen schreibprojekte sind von der kritik und der wissenschaft gleichermassen missverstanden worden: immerhin war ja homer nicht geschriebene, sondern gesungene poesie. wie aber konnte der sänger diese verse behalten? er benutze rhythmen und formen, sogenannte „formulas" … wie etwa „der listenreiche odysseus" … die hypertext-pioniere nahmen den schlachtruf der emanzipationsbewegungen der 60er jahre auf: die literatur kann von allen gemacht werden - nicht nur von einem! …wir hofften, mit den fingern auf der tastatur, die LEERSTELLE aller texte endlich als produktives moment begreifen zu können: endlich eine PARTIZIPATORISCHE LITERATUR erschaffen zu können: der cursor blinkt: der ball fliegt … http://bit.ly/baellezuwerfen …eine fort-setzung des „bälle-zuspielen" im netz, mit links und diversen möglichkeiten des fangens, anfangens, auffangens … das web2.0 als ein „bälle-zuspielen" mit anderen mitteln: kollaborative software, dynamische offene kommunikationswege, plattformen und tools … fang den ball – und gib ihn weiter… *H.I.*

Um u.a. einer **PROPÄDEUTIK** - also der Einführung in Ausdrucksweisen von Konversations_Kunst - Raum zu schaffen, hatten wir uns im Museum für Hamburgische Geschichte getroffen. In den Konversationskünsten kann miteinander Umgehen auftreten, das in Gesprächen allgemein als nicht korrekt empfunden und abgewiesen werden kann. Solche Ausdrücke wollten wir in moderierten Untergruppen szenisch den jeweils Anderen kommunizieren. Im zweiten Schritt böte sich dann die Möglichkeit, sie als Beispiele zu erörtern und darauf aufbauend ein Propädeutikum zu entwerfen.

Nachfolgende 5 Situationsbeispiele machen das deutlich:
1 "Wisse niemals, was du sagen wirst …" In der Konversation den gültigen Diskurs meiden, offen auf die Situation und die Anderen zugehen, …
2 Zum Ausdruck gebrachte Stimmungen, Sympathie, Lebensempfindung ausdrücken, sich exponieren, entspannte Aufmerksamkeit, … (Stimmungen und Sympathien tauchten umfangreich auch in den Situationsbeispielen von 1, moderiert von Heidi Salaverría auf, so dass wir zunächst solche Beispiele nicht extra aufgriffen.
3 Austausch im Medienwechsel: Konversationsspiele, Lustwandeln, gemeinsam Singen, Ansinnen, …
4 Kulantes Turntaking: Alle sind beteiligt, kein Autor, kein Publikum, kein Besserwissen, …
5 Keine Produktion, poetisch statt prosaisch ist die Konversation, vom Hundertsten ins Tausendste, (Situationsbeispiele 4 und 5 durchzuspielen wurde in den 1½ Tagen nicht geschafft. Die Anzahl von fünf Situationsbeispielen war auch nicht als ein Programm gedacht, sondern bot Möglichkeiten, ungewöhnliche, konversationelle Verhalten vorzuführen. A.E.

Melodien des Meinens. *„Must we mean what we say?" (Stanley Cavell)*

Heidi Salaverría verdeutlicht im konversationellen Zusammenhang das erste Situationsbeispiel:

Eine zentrale Frage, nicht nur in der Konversationskunst, lautet: Was heißt es, etwas zu meinen? Es ist ja nicht so, dass wir vor dem Sprechen bereits wüssten, was wir gleich sagen werden. Gesprächsintentionen sind keine fertig verpackten und hübsch geschnürten Päckchen, die nur noch übergeben werden müssten. Stattdessen ist es eher so, dass im Sprechen das Meinen erst Gestalt annimmt. Dabei hängt die Gestalt des Sprechens eng mit dem jeweiligen Wie zusammen: Der Sprachmelodie, Geschwindigkeit, Atmung, etc.

Um das Gespür für diese Modulationen des Wie zu schärfen, schlug ich eine sprachphilosophische Variation von „Stille Post" vor:

Jemand schreibt einen Satz auf, die nächste Person übersetzt den Satz in eine reine Sprachmelodie (mit geschlossenem Mund), den die darauf folgende Person zu entschlüsseln versucht und dann aufschreibt. Dieser neu aufgeschriebene Satz muss nun wieder in eine reine Sprachmelodie übersetzt werden usw.

Das Spiel sorgte für Heiterkeit und legte zugleich offen, wie groß die Differenz zwischen Schreiben, Sprechen und Sprechintention ist. Die Sprachmelodie ließe sich dabei als reines Meinen interpretieren; als ein Versuch, der Vermittlungsintention des gelesenen Satzes im Ausdruck des Tonfalls gerecht zu werden. Interessant war dabei indessen, dass

a)   gar nicht klar war, was der aufgeschriebene Satz für jenen Anderen meint, der den Satz aufgeschrieben hatte, zumal der Satz ja einer rätselhaften sprachfreien Melodie abgelauscht worden war.

b)   man sich – zwecks Vermittlung an die
nächste Person – eine „Melodie des Meines"
vornehmen musste, dieses sich jedoch als
schwierig herausstellte, weil die Bildung unserer Meinens-Melodien normalerweise im
Dunkeln des Unbewussten operiert.

c)   die wirklich umgesetzte Melodie des Meinens sich als etwas anderes entpuppte als die
intendierte – es kam einfach nicht das dabei
heraus, als man sich innerlich vorgenommen
hatte. Das Vorgenommene erschien nachträg-
lich als vage.

Was ist nun wirklicher und was das wirkliche
Meinen: Die Melodie, wie sie von anderen
wahrgenommen worden war? Die Melodie, die
man sich im Stillen vorgenommen und „innerlich" irgendwie gehört hatte? Oder das Gefühl
des Meinens, unabhängig von einer Melodie?
H.S.

Antje Eske führt dann als nächstes in den **Austausch im Medienwechsel** ein, z. B. vom gesprochenen Wort zum Bild, vom Text zur Musik oder zur Gebärde, von Stift und Papier zum Internet. Medienwechsel öffnet neue Assoziationsräume und erweitert den Horizont des Sagbaren. Beim Wechsel der Ebenen und Assoziationsbereiche wird das poetische Potential in uns geweckt. Der ausschließliche Austausch in nur einem Medium (z.B. Rede) erleichtert ein Abdriften in Smaltalk, Diskurs, Spezialistentum, Besserwisserei, usw. Medienformate sind vielfältig möglich: twittern, videochatten (hangouten, skypen), chatten, bilderchatten, echtzeit-sound-processen, musizieren, lustwandeln, tanzen, reden, singen, schreiben, usw.

Der Austausch mittels Konversationsspielen verändert den zwischenmenschlichen Umgang. In der Kunstgeschichte lassen sich schon unterschiedlichste Beispiele für ein ästhetisch-spielerisches, medienwechselndes Vorgehen finden und das machen wir hier im Museum konkret.

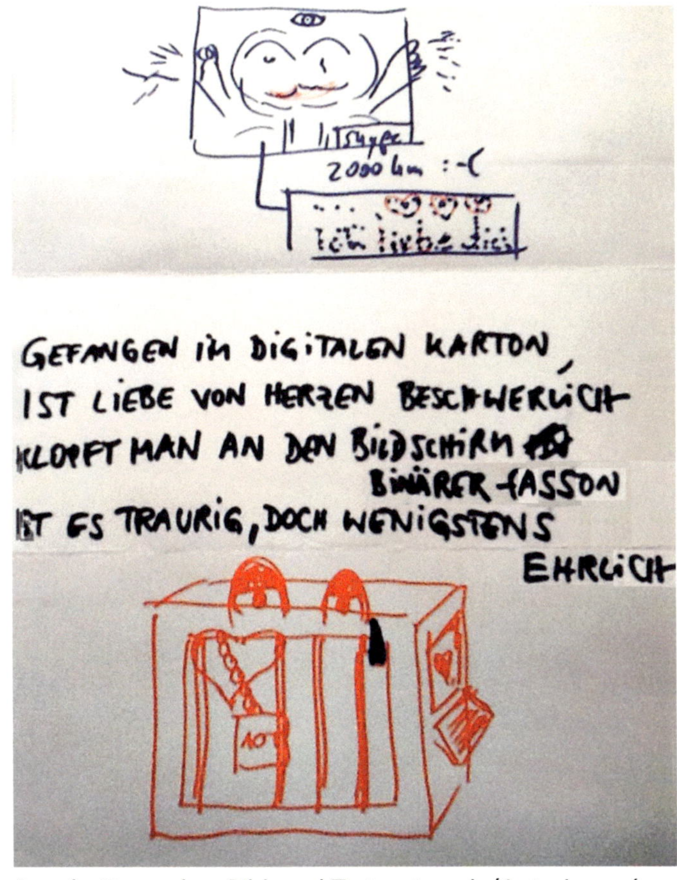

Ausschnitt aus dem Bild- und Textaustausch ´Loteries poétiques´ im Museum für Hamburgische Geschichte während der Tagung

Wir tauschen uns mittels eines Konversationsspiels aus, das schon im Salon von Anne-Louise du Maine (1676-1753) als *Loteries poétiques* gespielt wurde: jeder Gast zog damals aus einem Pompadour ein Los mit einem Buchstaben, das ihn anregen sollte. Z.B. beim Buchstaben ´S´ fürs nächste Treffen ein Sonett einzubringen.
Auf unseren heutigen Losen aus dem Pompadour sind vier Endreime, die zu einem vierzeiligen Gedicht anregen, das weitergegeben wird und den oder die Nächste dann zu einer Visualisierung anregt. Das Ausgangsgedicht wird weggeknickt, die Visualisierung regt zu einem neuen Gedicht an, usw.

Nach dem anregenden Austausch im Medienwechsel wird uns auch ein Widerspruch deutlich. In unserer Konversationskunst geht es nicht um Produktion. Poetisch statt prosaisch ist die Konversation und führt vom Hundertsten ins Tausendste. Genau das haben wir auch heute gemacht und so hat sich nicht die Propädeutik der Konversationskunst als ein zusammenhängendes Produkt ergeben.

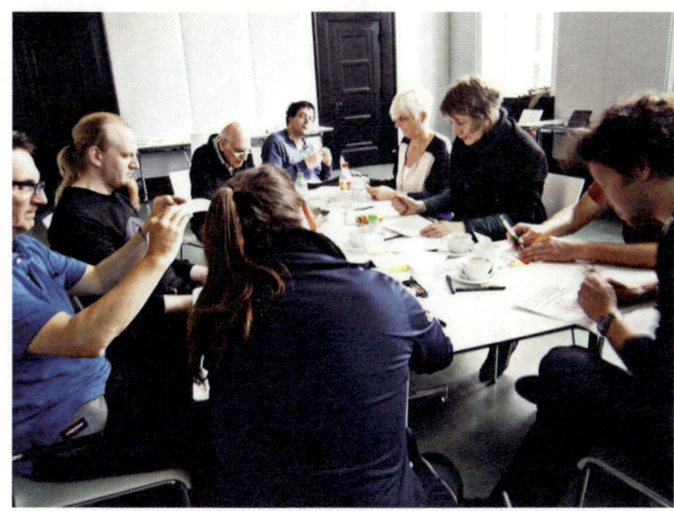

Die Beteiligten beim Dichten und Zeichnen. Von links: Heiko Idensen, Roland Schröder-Kroll, Kurd Alsleben, Stefan Beck, Sabine Kullenberg, Monika Schröder, Alfred Mattes (verdeckt, nur die Arme sichtbar), Thorsten Juckel. Heidi Salavérria (rückseitig).

Wir sind offen auf die Situation zugegangen, alle waren beteiligt, wir haben uns exponiert und im Medienwechsel ausgetauscht und sind keinem ausgedachten Programm gefolgt. Die Erfahrung für uns dabei ist, dass durch Konversationskunst keine Festschreibungen oder Ergebnisse erzielt werden. Das, was erfahren

wird, ist so offen, dass es sich immer wieder
an neue Situationen anpasst.

JedeR schreibt zum Abschluss noch das, was
für ihn oder sie wichtig war, auf kleine Kärt-
chen, die wir an die Stellwände heften. A.E.
einschl. der Fotos

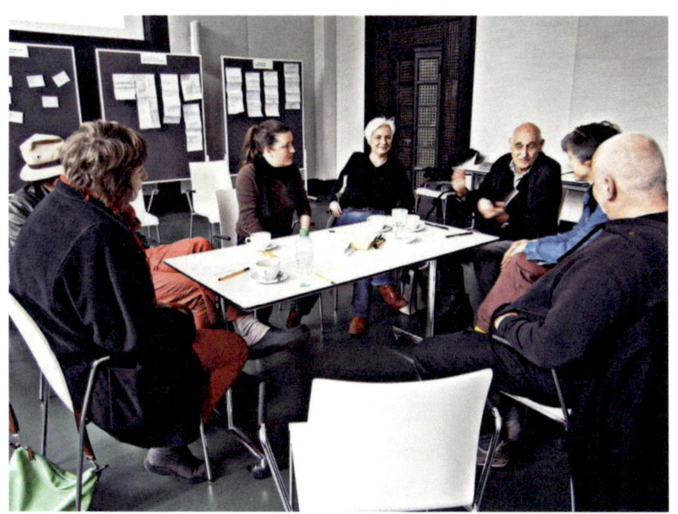

Runde mit den weiteren Dazugekommenen (von rechts) Tilo
Kremer (rückseitig) und Katja van den Broek (halbverdeckt).

KONVERSATIONS_KUNST ("Wisse niemals, was du sagen wirst.", Madeleine de Scudéry) Konversationspraxis ist nicht-instrumentelles Denken und Sprechen. (Heidi Salaverría) Im konversationellen Zusammenhang ist interesselos *Nichts-Bestimmtes-Wollen,* ist auch das interesselose Wohlgefallen Voraussetzung, um nicht in allgemeingültige Phrasen und interessegebundene Begehren zu rutschen und so an der Erstarrung des Common Sense mitzuwirken, statt ihn flexibel und beweglich zu halten.
Seit kleinauf lernen wir, dass das Denken im Kopf stattfindet. Jeder denkt für sich und seine eigenen Gedanken. Konversationskunst ist radikal gegen geistiges Eigentum. In der Konversationsrunde ist Denken ein Karussell zwischen den Köpfen. Wer es besitzen will, fliegt raus.

Konversation beinhaltet auch `konvers´. Die konversationelle Runde trifft sich nicht, weil von vornherein Einigkeit herrscht, sondern JedeR stellt sich auf seine Weise den Anderen dar. Einstimmigkeit wird in der konver-
sationellen Gruppe gerade nicht angestrebt. Die Beteiligten kennen sich zum Teil schon längere Zeit, immer jedoch sind neu Hinzugekomme am Austausch beteiligt. Konversation meint ‚menschlichen Umgang' und das in soziabler und konverser Weise, also nicht als Kollaboration oder in der Community der ‚Wir-Gruppe.'

Konversationskunst ist Austauschen. Der Austausch ist kein *Diskurs*, er strebt nicht von vornherein etwas Bestimmtes an und entspricht so der Kunst, die niemals Mittel ist. Beim konversationellen Austausch mit adäquaten Ausdrucksmitteln geht es auch darum, neue Möglichkeiten des miteinander Umgehens und des Kennenlernens im unhierarchischen Austausch zu erfahren, bei dem es noch keine eingefleischten Verhaltensweisen gibt.

Zwanglos reden ist eine Kunst. Unglückliche Gesprächssituationen: Recht haben wollen, besser sein wollen als die Anderen, sie übertölpeln und blamieren wollen, Vorurteile bestätigen wollen, Hierarchien festigen wollen

– das Begehren richtet sich an der Stärkung des Ego aus. Glückliche Gesprächssituationen: Respekt haben, das Andere der Anderen schätzen, sich der gemeinsamen Kultur vergewissern, offen und neugierig sein, lernen – das Begehren richtet sich auf die Beziehung zu den Anderen. Haltung (Sozialitätsidealisierung): wer also in einer an Leistung und Konkurrenz ausgerichteten Kultur (Common Sense) offen und respektvoll eine Gesprächssituation zu gestalten hilft, findet auch im Alltag das Glück. Der, der weiß, wie es richtig läuft, braucht nicht zu konversieren. In der Konversationskunst umfasst *Felix Aestheticus* Antwortnot. Eine Voraussetzung der Konversationskunst ist ihre Problemhöhe, eine gehobenere Ebene des zwischenmenschlichen Austauschs: poetisch, spielerisch, getragen von interesselosem Wohlgefallen.

Ohne Anerkennung keine Konversation, denn Anerkennung ist dabei Motivation und stärkt gegen den Common Sense den Rücken. Wenn ich mich beim multisensoriellen Austausch den Anderen exponiere, zeige ich mich (un-willkürlich) mit eigenen Stärken und Schwächen. Voraussetzung für dieses Wagnis ist eine Bonusanerkennung des/der Anderen.

Was heißt es, sich zu zeigen? Das Gegenteil von: Ich habe es nicht so gemeint. Konversationskunst heißt, genau das zu meinen, was ich sage und gleichzeitig daran zu zweifeln. Sich in das Gesagte hineinlegen, so wie man sich ins Zeug legt. Das Gespräch in der Konversationskunst ist wie eine leuchtende Science-Fiction-Kugel, die in der Mitte der Teilnehmer/innen schwebt und durch das gemeinsame Sprechen modelliert wird. „In order for connection to happen, we have to allow ourselves to be seen. Deeply be seen." (Brené Brown). Sich offenbaren, ohne zu wissen, was sich offenbart, den Anderen also Wissensvorsprung gewähren.
Der Raum für Konversationskunstaffairen ist weder privat noch öffentlich. Sie werden im *offiziösen* Raum angebahnt und offiziös meint überschaubare Gruppen.

Eine Konversation i.e.S. hat nur die Selbstwahrnehmungen und -beurteilungen der

Konversanten selbst – vergleichbar vielleicht unserem menschlichen Bewusstsein generell (inklusive möglicher Metapositionen sowie Metafiktionen, die 'blinde Flecke' kompensieren).

COMMON SENSE – verstanden als die allgemeine, landläufige Auffassung oder Meinung von den Dingen oder Verhältnissen (vergl. Heidegger "Gerede," "Man") in Abgrenzung zu der eigentlichen (Konversations-)kunst – sollte nicht qualitativ abwertend verstanden werden. Sondern als Differenz, gegenüber der die (Konversations-)kunst erst sichtbar werden kann. Das eine kann ohne das andere nicht sein. Die einzige Möglichkeit, die wir – jeder Einzelne von uns – gegen die Vereinnahmung durch den indoktrinierenden, 'fabrizierten Commonsense' haben, mit dem die Herrschenden die herrschende Meinung ihren Interessen gemäß ausrichten ist, sich mit Anderen auseinander- und zusammenzusetzen, um sich über eigene Interessen klar zu werden. Sprechen und hören können, können Konversationskünstler? Durch Konversation und die

veränderten Ausdrucksformen in den elektronischen Medien lassen sich wildeste Gedankensprünge eines anderen Menschen über Links und mittels Austausch nachvollziehen, was über das Begreifen zu veränderter Sichtweise, einem Perspektivwechsel und zur eigenen Grenzerweiterung führen kann.
Dass die Kommunikation im Internet – quasi als „Gespräch der Welt" frei zu sein habe, wurde vielfach kolportiert, gefordert, von Gerichten bestätigt, von Avantgardisten und Aktivisten der Internetkultur in Software gegossen. Durch wunderbare gemeinschaftliche Projekte – wie Wikipedia oder die gesamte Bewegung rund um offene Bildungsresourcen oder die weltumspannende „OneLaptop per Child" Inititative, die freie Hard- und Software für einen freien weltweiten Austausch von Bildung ermöglicht – praktisch unter Beweis gestellt und in konkrete, lebensnahe Projekte „gegossen" --- und gleichzeitig schon immer durch Interessen geleitet, von multinationalen Konzernen – durch das Sammeln von Bewegungsprofilen, Profilen überhaupt – missbraucht für kommerzielle Zwecke

und – wie jetzt aktuell durch das Aufdecken weltweiter Geheimdienstpraktiken verstärkt in die politische Auseinandersetzung gebracht – zur Steuerung, „Fernsteuerung", grenzenloser und unvorstellbarer Überwachung von Nutzermassen eingesetzt. Big Brother oder Orwells 1984 erscheinen jetzt im Jahre 2013 als ein müder Abklatsch dessen, was möglich ist und was auch gemacht wird.
Kann es eine Konversationskunst angesichts dieser „Enthüllungen" überhaupt geben - sind wir nicht einer „Illusion" aufgesessen, entsprechen unsere Visionen eines „freien" Austausches nicht unseren Wünschen, vielleicht sogar unseren unerfüllten Wünschen „nach 68", nach dem „Ende des kalten Krieges", nach dem „Sieg des Neoliberalismus"?? Keinesfalls, ganz im Gegenteil!
Konversation, Gesprächskultur, Diskussionen, Diskurse, Streitkultur, offene Diskussionen, freie Foren, Twitter-Streams und eine Vielzahl sozialer Netzwerke (nicht der Fokus allein auf Facebook, das natürlich im "Hintergrund" auch "interessengeleitet" funktioniert und die Profile und Daten der User massenhaft auswertet und verkauft... sind sozusagen – neben Demonstrationen, Flashmobs, Barcamps und anderen community-basierten Events und Initiativen, das einzige Mittel gegen die Totalüberwachung, gegen das Abrutschen in die totale Beliebigkeit von „Pseudo-Kommunikation" via Dauerchat mit vermeidlichen Freunden.
Man schaue sich im Wikileaks-Film nur die beeindruckenden "intimen" Chat-Dialoge der Hacker mit den Wizzleblowern an, für die es geradezu ein teils verzweifelter Schrei aus der Einsamkeit in der Armee zu sein schien... Wir alle sind Wizzleblower, wir pfeifen auf die Überwachung und den Common Sense, pflegen die Konversationskunst, denn diese Art der "Verschlüsselung" via Ästhetik, Philosophie, Literatur und Kunst... ist unsere Waffe im Kampf um "freie Kanäle" und Kommunikationsweisen...
Kunst birgt seit ihrem Bestehen einen 'heimlichen Lehrplan' zum Follower – heute in der Effizienz überholt durch manche Social Media Technik. Wir erstreben eine offiziöse Mutualität als Form.

MUTUALITÄT (auf Gegenseitigkeit) - scheint mir nach wie vor ein wichtiger Begriff die Qualität von Beziehungen in Netzwerken abzuschätzen. Denn anders als das allgemeinere „Austausch" (share, to share), beinhaltet Mutualität den Aspekt der Verbindlichkeit. H.S.

Nachtrag: Nach einer von Zorah Mari Bauer am 8. Juni 2013 in Eske/Alslebens Konversatorium für ein Video aufgenommenen Konversation (siehe Web-Links), entstand die Idee, jedeR von uns (Kurd Alsleben, Zorah Mari Bauer, Stefan Beck, Antje Eske, Heiko Idensen, Heidi Salaverría, Frank Wörler) würde 1, 2, 3 Sätze aufschreiben und Heidi Salaverría bot an, diese zu einem gemeinsamen Text zu formulieren. Der Text wurde begeistert aufgenommen und wird hier veröffentlicht. Er gibt unserem vorliegenden akuten Bericht Hintergrund und Tiefe. So erinnerte er uns an den 26. Mai 2013, als wir, Antje Eske, Kurd Alsleben, Zorah Mari Bauer und Thorsten Juckel, einen Gruppenvideochat hielten, wobei wir „Ein Satz reihum" spielten. Darüberhinausgehend sangen wir, mit leicht empfindbaren Verzögerungen, den Kanon „hätt i di".[5]

ANHANG

Anmerkungen

[1] Julian Rohrhuber und Tilo Kremer verdankten wir 2001 den Swiki, mit dem wir damals den ‚netzkunstwoerterswiki‘ ins Netz stellten und gleichzeitig das ‚NetzkunstWörterBuch‘ herausgaben (mit 40 Autor-innen, durchgehend bebildert, 240 Stichwörtern und 619 Seiten). Julian Rohrhuber ist mit einer ausgezeichneten Musik-Aufstellung von Echtzeit Sound-Processing ‚powerbooks unplugged‘ hervorgetreten.

[2] Interview mit Kurd Alsleben und Antje Eske **(2013) von** Yoshiyuki Abe, Akemi Ishijima in http://www.gasathj.com/tiki-read_article.php?articleId=35

[3] Vier konversationelle Bewegungstypen sind geläufig: (1) agile Konversation, (2) Table Konversation, (3) Club Konversation, (4) Netz Konversation

[4] Mit derartigen Pinnwänden haben Eberhard und Telse Schnelle et al. in den 50er/60er/70er Jahren Demokratisierung von Organisationen in Wirtschaft und Verwaltung verwirklicht

[5] Der Kanon hieß „hätt i di" und „hab i di", einbezogen von Zorah Mari Bauer im Sprechstück mit Kanon 1987, Partiturauszug abgedruckt auf Seiten 20-21 in Matthias Lehnhardt (Hg. 1994): Gesänge über dem Lerchenfeld. Beiträge zur Datenkunst. Propemtikon & Apopemtikon: Kurd Alsleben/Hochschule für bildende Künste Hamburg. material verlag der Hochschule für bildende Künste Hamburg. - Zorah trug ihn bei Alsleben/Eske zu Hause anlässlich unserer ersten Begegnung nach der INTERFACE 1 Tagung vor. Die fünf internationalen INTERFACE Tagungen innerhalb von 10 Jahren veranstaltete Klaus Peter Dencker für die Hansestadt Hamburg.

Literaturanzeigen

edition kuecocokue. Verlag BoD, Norderstedt
Social Media_Konversationskunst (2014): Hg. **Kurd Alsleben, Zorah Mari Bauer, Antje Eske**. 216 Seiten, reich bebildert, 1. Kap. Social Media / 2. Kap. Sozialitätssinn / 3. Kap. Konversationelles Spielen / 4. Kap. Historien. ISBN 978-3-7322-2979-6

Kunst ohne Publikum (2011): Hg. **Antje Eske**. 262 Seiten, reich bebildert. Wörtlicher Bericht von 15 je eineinhalbtägigen Konversationen im ZKM Karlsruhe auf Einladung von **Peter Weibel**. ISBN 9783842378674

felix aestheticus. Konversationskunst im ZKM Karlsruhe (2011): Hg. **Kurd Alsleben, Antje Eske, Heiko Idensen**. 201 Seiten reich bebildert. Reflexionen von an den 15 Konversationen beteiligten 27 Autor_innen. ISBN 9783842368576

Ein Reigen geistreicher Frauen (2010): **Antje Eske**. Hg. **Vito v. Eichborn**. Bebildert, 161 Seiten. Gonzaga, Rambouillet, Scudéry, Lenclos, Montpensier, Lambert, Maine, Tencin, Deffand, Geoffrin, Chátelet, Epinay, Lespinasse. 13 Saloniéren. Die Verbindung von Social Web und Salonkultur. ISBN 978-3-8448-9272-7

Konversationsspiele www und vis-á-vis (2010): **Antje Eske**. Die Autorin stellt Konversationsspiele bereit aus 15 Jahren Erfahrung ihres Seminars **„Spinnen am Computer"** und des von ihr u.A. begründeten regelmäßigen ‚**Bilderchats**' seit 2001. ISBN 978-3-8391-8819-4

Terpsichore (2009): Hg. **Kurd Alsleben, Antje Eske**. Social_Software_Künste. Ambulante Konversatorien u.a. in der HfbK, Hamburg, in der Leuphana-Universität, Lüneburg bei Martin Warnke, im multi.trudi, Frankfurt/Main bei Stefan Beck, im Künstlerhaus FRISE, Altona bei Michael Kress, in der Universität Dresden bei Rainer Groh. Der Beginn der Zusammenarbeit mit dem ZKM. ISBN 978-3-8423-1868-7

Siebenundzwanzig bremer Netzkunstaffairen (2008): Hg. **Kurd Alsleben, Antje Eske**. Grußwort **Wulf Herzogenrath**. 159 Seiten, reich farbig bebildert. 33 Autor_innen berichten über die Netzkunstaffairen (Konversationen), die von ihnen und Kunsthallenbesuchern über 3 Monate angezettelt wurden, u.a. dabei **Frieder Nake, Georg Nees, Manfred R. Schroeder, Heiko Idensen, Cord Passow** ISBN 978-3-8370-6155-0

Die Kunst der Anerkennung (2006): **Heidi Salaverría, Antje Eske, Kurd Alsleben**. 61 Seiten. Ein kurzzeitversetztes zwangloses Gespräch im SWIKI der Hochschule für bildende Künste Hamburg. ISBN 978-3-8334-6904-6

Mutualität in Netzkunstaffairen (2004): Hg. **Kurd Alsleben, Antje Eske**, Vorwort von **Heidi Salaverría.** 246 Seiten, 11 Abb. davon eine von ‚multi.trudi' in Frankfurt/Main. Abdruck von sieben Gesprächen plus wenigen kurzen Texten. Versuche zur qualitativen Interpretation der Struktur Wechselseitigkeit mit **Cord Passow, Georg Nees, Karl Gerstner, Julian Rohrhuber, Bernhard H.F. Taureck, Matthias Lehnhardt, Heiko Idensen, Stefan Beck, Matthias Kampmann (Weiß), Detlev Fischer, Zorah Mari Bauer** et al. ISBN 3-8334-1767-6

NetzkunstWörterBuch (2001): Hg. **Kurd Alsleben, Antje Eske** zusammen mit **Heiko Idensen**. 34 Autor_innen, 270 Stichwörter, 619 Seiten reich bebildert. Im Frontispiz 9 Listen Empfindungswörter des Sozialitätssinns. Im Anhang Bericht aus dem LEM (gemeinsames Laboratorium der Hochschule für bildende Künste, Prof. **Matthias Lehnhardt** und der Universität Hamburg, FB Informatik, Prof. **Peter Schefe**) vom Urbino-Chat (1999), der die Netzkunst mit der Kunstgeschichte verband. ISBN 3-8311-2259-8

Verlag Schnelle, Quickborn bei Hamburg
Aesthetische Redundanz (1962): **Kurd Alsleben**. Vorwort von **Andree Abraham Moles**, Couverture von **Victor Vasarely**. Darstellung artistischer Mittel. Künstlertheoretische Antwort auf das Buch „Ästhetische Information" von **Max Bense**.

Siemens Aktiengesellschaft, Berlin
Generative Computergraphik (1969): **Georg Nees**. Er schreibt u,a, in dem Buch über den Ort der generativen Graphik innerhalb der Informationsästhetik, eine Programmiersprache für für Genese von Graphiken, über ästhetische Kategorien und reflektiert über Gestalt und Gegenstand.

Studio Vista, London/Van Nostrand Reinhold Company, New York
The computer in art (1971): **Jasia Reichardt**. Bericht über Arbeiten in ihrer Ausstellung "Cybernetics Serendipity", 1968 im Institute of Contemporary Arts, London. British SBN 289.79550-8

Verlag Chaos Computer Club e.V., Hamburg
Urheben I/Urheben II (1993): **K. Alsleben, A. Eske**. Die vom Urheberrecht ausgehenden Vorträge – auf den **ersten Kieler Netztagen** und **Chaos-Tagen in Hamburg-Eidelstedt** – zeigen heute, dass die Struktur der mutuellen Netzkunst schon zu Beginn der Öffnung des Internet entwickelt war.
In: Die Datenschleuder Nr. 46. Das wissenschaftliche Fachblatt für Datenreisende
http://www.trust-us.ch/ds/46/025_urheben1.html

IfK-Verlag, Paderborn
Informationsästhetik - Kybernetische Ästhetik - Aesthetokybernetik (1995): **Helmar Frank**. Es werden Ansatz und Entwicklung, Ergebnisse und Perspektiven der Informationsästhetik entwickelt. ISBN 3-929853-06-X

Verlag BoD, Norderstedt
Inter.zin Kunst und Netzkunst in Frankfurt 1995 – 2002. Das erste Blog (2013): **Stefan Beck**, ca. 143 Seiten. Die vorliegende Textsammlung entstammt dem Blog ´inter.zin´, dessen Anfänge in das Jahr 1995 zurück reichen. ´inter.zin´ war immer ein Teil von ´Thing Frankfurt´, das sich vor allem der Dokumentation der Frankfurter Off-Szene widmete. Der Blog sollte eher den theoretischen Überbau abbilden. ISBN 978-3-7322-9836-5

The Thing Frankfurt
Thing book *(2004): **Stefan Beck**. Arbeit im Netz. Eine andere Kunst ist möglich

Kunsthalle Bremen
Wulf Herzogenrath und **Barbara Nierhoff** (Hg.): Katalog **Mutualité. Kurd Alsleben und Antje Eske. Von der Computerzeichnung zur Netzkunstaffaire 1961 - 2006.** DVD mit Originalton Grußwort **Konrad Zuse**; Dokumentarfilm **„Die Werkfalle"** von **Jonas Alsleben** und **Carl-John Hoffmann**; Booklet mit 18 losen Blättern.

Akademie Verlag Berlin
Spielräume des Selbst (2007): **Heidi Salaverría**. 274 Seiten. Pragmatismus und kreatives Handeln. I. Kritischer Common Sense zwischen Zweifel und Überzeugung. II. Spielräume der Gewohnheit. III. Partikulare Selbstverortung: Vom Pragmatismus zum Neopragmatismus. IV. Orte des Selbst zwischen Common Sense und Sensus Communis.

VDG, Weimar
Netzkunst (2009): **Matthias Weiß**, heute **Kampmann**. 396 Seiten. Netzkunst, ihre Systematisierung und Auslegung anhand von Einzelbeispielen. Darin Oberbegriffe der Netzkunst, u.a. Mutuale Netzkunst.

GRIN Verlag, München
Der Dialog im Dialog (2010): **Rolf Todesco.** 207 Seiten. Differenzierte Bestimmung und erfahrene Aufarbeitung des Begriffs ´Dialog´. Er wird aufgefasst mit der Bedeutung ´Durch das Wort´. Die Bestimmung erfolgt in der Form von 10 Gesprächen in der Schweiz.

Verlag Dumont, Köln
Wunderkammermusik (2011): Hg. **Katja Riemer, Andreas Kreul.** Das Buch (781 Seiten) erscheint mit vielen
Künstlerbeiträgen anlässlich des Neubaus der Kunsthalle Bremen für **Wulf Herzogenrath.**
ZKM Zentrum für Kunst und Medientechnologie, Karlsruhe/MIT Press, Cambridge, MA/London
**A Little-Known Story about a Movement, a Magazine and the Computers Arrival in Art: New Tendencies and Bit
International, 1961-1973** (2011): **Margit Rosen.** Seit 1961 fand in Zagreb (während des ´Kalten Krieges´) regelmäßig
die Kunstausstellung ´Nove Tendencije´ statt. 1968 wurde die Ausstellungsreihe durch Kunst mitttels Computertechnik
aktualisiert.

Web-Links

Cord Passow in Comp**art:** dada.compart-bremen.de/item/agent/173 **Frühe Computerzeichnungen** (1960/61) **Kurd
Alsleben** und **Cord Passow** im anthropomorphen Austausch mit einem Computer. – wir grüßen Cord Passow sehr
herzlich. K.A. u. A.E.

2 Videos auf dem Blog von **Zorah Mari Bauer:** https://www.youtube.com/watch?v=CeWnZwXByE8 Treffen im
Konversatorium bei Alsleben/Eske Theoretischer Austausch über **Konversationskunst.**
Konversationskunst: Kunsthaus Hamburg (**2013**): http://www.youtube.com/watch?v=0QWesaWl23U **Nachspielen des
Konversationsspiels** ´Loteries poétiques´ aus den frühen 1700er Jahren.

Digital-Video von **Margit Rosen** und **Moritz Büchner** (2010): ´**Zwanglos reden ist eine Kunstform**´: http://www02.
zkm.de/videocast/index.php/aus-dem-archiv/300-zkm-konversationskunst.html Zur Einführung in die Konversatorien
im ZKM konversierten **Kurd Alsleben, Antje Eske, Matthias Lehnhardt und Heidi Salaverría** in eindrucksvollen
filmischen Portraits von Moritz Büchner. Das Gespräch im Film handelt vom fabrizierten Commonsense, Zwanglosigkeit,
Spielräume des Selbst und darüber, wie es denn schön wäre.

http://konversationskunst.org/ Ausführliche Webseite des ZKM zu den Konversatorien und der Ausstellung **Konversationskunst, Kurd Alsleben, Antje Eske** und dort ausführlich dargestellten **Freunden** (2010/2011) mit Einführung und umfangreicher Bibliographie.

YouTube-Video in 5 Teilen: ´**il chat di urbino**´ (1999)**: Jonas Alsleben, Fritz Saalfeld:** https://www.youtube.com/watch?v=rqB866-MOvM Das Video zeigt einen internationalen IRC-Chat, der 1999 längs der Sala delle Veglie des Palazzo Ducale in Urbino/Italien über eineinhalb Stunden lief und die Kunstgeschichte mit der Netzkunst verband.

gasathj issue 2. **Yoshiyuki Abe, Akemi Ishijima:** Interview mit **Kurd Alsleben** und **Antje Eske** (2013). http://www.gasathj.com/tiki-read_article.php?articleId=35 **The first decade of Computer Graphics.**

INHALTSVERZEICHNIS

Impressum

Bibliografische Information der Deutschen Nationalbibliothek. Die Deutsche Nationalbibliothek verzeichnet diese Produktion in der Deutschen Nationalbibliografie: detaillierte bibliografische Daten sind im Internet über http://dnb.d-nb.de abrufbar.

2014 edition kuecocokue, Paulinenallee 58, 22769 Hamburg. Herausgeber Kurd Alsleben und Antje Eske. Alle Rechte bei den Autor-innen. Auszugsweiser Abdruck oder elektronische Verwendung für nicht gewerbliche Zwecke bei Quellenangabe erlaubt (Autorname. Alsleben/Eske Hg: Videochat_Konversationskunst. BoD)

Umschlaggestaltung: Antje Eske
Typografie: Kurd Alsleben, Antje Eske
Herstellung und Verlag: BoD - Books on Demand, Norderstedt

ISBN: 9783735777836